Impressum
Herausgeber: v. Stern Verlag e.K. Lüneburg

Wir bedanken uns bei der Stiftung Hof Schlüter und dem Kirchenkreis Lüneburg für die freundliche Förderung!

Stiftung Hof Schlüter

evangelisch-lutherischer
kirchenkreis lüneburg

Verantwortlich für den Inhalt:
kreativ-kontor Lüneburg
KulturBäckerei Lüneburg, Atelier 11
Dorette-von-Stern-Str. 2, 21337 Lüneburg
www.kreativ-kontor-lueneburg.de

Text und Redaktion: Carolin George
Gestaltung und Satz: Berit Neß
Druck: v.Stern'sche Druckerei Lüneburg
Schrift: AG Buch
Papier: MaximatPrime
ISBN: 978-3-923603-21-3

2., aktualisierte und erweiterte Auflage, März 2021

CAROLIN GEORGE & BERIT NESS

Lüneburger AUSSICHTEN

V. STERN

Inhalt

„Vor die Tür treten und die Augen für das Ungesehene öffnen.
Dieses Buch ist eine großartige Hilfe,
die Schönheit unserer Umgebung wieder wahrzunehmen
und lieben zu lernen.“

André Novotny, Vorstand der Stiftung Hof Schlüter

„Du stellst meine Füße auf weiten Raum.“
Psalm 31,9

„Raus aus der Wohnung, rein ins Abenteuer. Freiraum finden. Weite erleben und staunen über Unerwartetes. Gedanken laufen lassen und sich gut aufgehoben wissen. Gute Aussichten ganz in der Nähe. Gott sei Dank.“

Christine Schmid, Leitende Superintendentin des Ev.-luth. Kirchenkreises Lüneburg

EINFACH RAUS!

48 Mal gleich ums Eck

Herzlich willkommen unter unserem freien Himmel!

Ob in der Stadt oder auf dem Land, zwischen alten Backsteinmauern oder unter hochgewachsenen Bäumen: Wir möchten Ihnen Orte, Plätze und Winkel zeigen, die Sie vielleicht noch nicht kennen. Oder die Sie kennen und neu für sich entdecken mögen – ruhige Winkel, Plätze am Wasser, bunte und denkwürdige Orte.

Das kann ein Turm sein, von dem aus sich unser Blick weitet. Das kann ein Baum sein, dessen rauschende Blätter uns etwas erzählen. Das kann eine Wiese sein, die uns zum Picknick einlädt. Das kann ein Stein sein, dessen Geschichte uns ehrfürchtig macht. Das können Tiere sein, die uns mit ihrer Freundlichkeit erheitern. Das kann eine Aussicht sein, die so guttut, dass unsere Seele zur Ruhe kommt.

So verschieden all die Orte, Plätze und Winkel sind, eines haben sie gemeinsam: Sie inspirieren uns, sie lassen uns entspannen und geben uns Kraft. Sie laden uns ein, den Kopf einmal auszuschalten und uns darauf zu konzentrieren, was wir um uns herum wahrnehmen: Farben und Formen, Gerüche und Geräusche.

Jeder dieser Orte ist kostenfrei zugänglich, und jeder ist unschätzbar wertvoll. Es sind Orte, die allen offen stehen, die für uns alle erhalten werden, angelegt wurden oder besonders geschützt sind. Halten wir es ebenso. Besuchen und behüten wir sie.

Carolin George & Berit Neß

„Jeder Mensch braucht einen Lieblingsort,
einen Platz um abzuschalten, um Kraft zu tanken und den
Gedanken Spielraum zu geben.
Dieses Buch bietet schöne Anregungen dafür."

Ulrich Mädge, Oberbürgermeister der Hansestadt Lüneburg

„Mein Herz schlägt höher beim Blick über die Elbe -
und das geht vielen Menschen im Landkreis Lüneburg so.
Hier war die Grenze, hier die Wiedervereinigung.
An welchem anderen Ort
liegen Freude und Leid so nah beieinander?"

Jens Böther, Landrat des Landkreises Lüneburg

1

K A P I T E L **E I N S**

RUHIGE WINKEL

Stille mitten in der Stadt

Im alten Klosterhof Lüneburg

Er ist klein und nur ein paar Schritte vom Rathaus entfernt. Und doch reicht die Rasenfläche mit ihren knorrigen Obstbäumen vollkommen aus, um auf einer der Bänke eine kurze Auszeit vom Alltag zu nehmen - sie liegen in der wunderbarsten Abendsonne. Vielleicht liegt es an den schützenden Mauern, die über diesen Ort seit Jahrhunderten wachen. Vielleicht liegt es an der Stille, für die der kräftige Backstein hier sorgt.

Seit dem 13. Jahrhundert hatte hier ein Franziskanerkloster gelegen. Nach der Reformation wurde es im Jahr 1555 geschlossen, seine Bibliothek mit der des Lüneburger Rates zusammengelegt. Zur selben Zeit entstand die Reihenhausbebauung an der Reitende-Diener-Straße: Zwischen 1554 und 1558 ließ die Stadt für ihre gleichnamige, bewaffnete Schutz- und Ehrentruppe auf dem vormaligen Grundstück des Franziskanerklosters Reihenhäuser bauen. Das Ensemble ist einzigartig in der Stadt. Und mit ihrer über 600-jährigen Geschichte zählt die Ratsbücherei zu den ältesten Stadtbibliotheken Deutschlands.

Auf dem Klosterhof, Ecke Am Ochsenmarkt dem Schild Kinder- und Jugendbücherei folgen und an der Schranke vorbei in den Hinterhof. [Navi: Auf dem Klosterhof]

„Mitunter setzen sich Familien mit einer Picknickdecke auf den Rasen und sehen sich zusammen die ausgeliehenen Bücher an, die Kinder klettern auf die Bäume. Es ist sehr schön zu sehen, wie dieses Kleinod intuitiv genutzt wird."

Antje Bechly, Kinder- und Jugendbücherei Lüneburg

Ein Garten für alle

Der Bürgergarten bei St. Michaelis

Wo die Menschen vor fast 650 Jahren begannen ein Kloster zu bauen, tupfen im Frühling Blütenblätter weiße Pünktchen auf den grünen Rasen. Selbst wenn das große schmiedeeiserne Tor nahe der Tür von St. Michaelis gerade geschlossen sein sollte, wenn Sie hier vorbeikommen: Abgeschlossen ist es nie. Der Garten rund um die Kirche und die Gebäude der Landkreisverwaltung steht allen offen, mit einer bunt bemalten Bank für Menschen und einem Hotel für Insekten.

Zu dem einstigen Kloster hier, von dem noch der Keller des Versammlungssaals der Mönche zu sehen ist, gehörte eine Schule, und einer ihrer Schüler hieß Johann Sebastian Bach, und zwar von 1700 bis 1702. Nun wissen wir also, warum der Platz vor der Kirche eigentlich Johann-Sebastian-Bach-Platz heißt.

Die Überreste des Versammlungssaals finden Sie, wenn Sie die Treppe am Chor von St. Michaelis Am Iflock hinaufgehen und rechts hinabschauen. Das Tor zum Garten liegt direkt an der Kirchentür, einen weiteren Eingang gibt es von Am Springintgut aus. [Navi: Auf dem Michaeliskloster]

„St. Michaelis zählt zu den schönsten Kirchen Lüneburgs.
Mir war es wichtig, dass die Menschen
endlich in Ruhe um die ganze Kirche herumgehen können
und von der Bank aus
ihren mächtigen Turm auf sich wirken lassen können."

Manfred Nahrstedt, Landrat a.D. und Initiator des Bürgergartens

Andacht unter Bäumen

In der Waldkirche Reetzhof

Unter kräftigen Buchen, auf einer Lichtung im Wald zwischen Tellmer und Amelinghausen: Da stehen und liegen Baumstümpfe und ein großes Holzkreuz, sogar eine Bank gibt es. Manche der natürlichen Stühle sind umgefallen, denn sie stehen hier bei jedem Wetter und zu jeder Jahreszeit. Beten unter Bäumen – das ist hier möglich. Innehalten und abwarten, was passiert, wenn wir nichts anderes tun als den singenden Vögeln und den rauschenden Wipfeln zuzuhören.

Von dem Weg zwischen der Uelzener Straße und Tellmer aus stapfen wir an einer Schranke ein kurzes Stück über weichen, moosbewachsenen Waldboden hinauf, bis wir zu diesem besonderen Ort gelangen. Eine naturverbundene, lufterfüllte Alternative zur Kirche als Gebäude, die sicher sehr einzigartig ist bei uns in der Region.

Von der Hippolit-Kirche Amelinghausen die Uelzener Straße Richtung Wriedel, nach ca. 2 km bei einer doppelten Abzweigung nach links den rechten geraden Weg: Weg A1 Richtung Betzendorf/Tellmer. Nach ca. 2 km erreichen Sie die Schranke im Wald. Dort weist ein Schild auf die Waldkirche hin. [Navi: Uelzener Straße Amelinghausen]

„Gesundes und glückliches Leben erwächst aus der sinnerfüllten Beziehung zwischen Himmel und Erde und zwischen Mensch, Tier und Pflanze."

Dr. Ties Möckelmann, Initiator der Waldkirche

Die weite Welt hinterm Deich

Zwischen Neu Bleckede und Boizenburg

Wenn Sie einmal nicht viel mehr sehen wollen als Wiesen, Weiden und Weite – und als maximale Aufregung einen Schäfer und seinen Hund bei der Arbeit beobachten möchten: Dann setzen Sie in Bleckede mit der Fähre über die Elbe, schnuppern die Luft über dem Wasser, fühlen sich wie im Urlaub und folgen Sie am gegenüberliegenden Ufer dem Schild in Richtung Boizenburg - zu Fuß oder auf dem Fahrrad.

An dem Flüsschen Sude bietet der Aussichtsturm Mahnkenwerder in Wendischthun den Blick von oben über die große Weite der Auenlandschaft. Er ist ausschließlich zu Fuß oder mit dem Fahrrad zu erreichen! Die Sude ist ein alter Schifffahrtsweg, im 15. und 16. Jahrhundert vor allem für Brennholz für die Lüneburger Saline. Wenn Sie weiter mögen: Ein zweiter Aussichtsturm wartet in Boizenburg am Elbberg.

Vom Fähranleger in Neu Bleckede hoch auf den Deich fahren und oben links Richtung Boizenburg. Bis zum ersten Aussichtsturm sind es ca. 5 km, zum zweiten in Boizenburg weitere 6,5 km (Am Elbberg 20). Zum Hafen Bleckede fährt ein Bus. Dort gibt es am Hafen-Bistro öffentliche Toiletten. [Navi: Mahnkenwerder]

„Weite, Himmel, Licht; Landschaft
und das entspannte Städtchen Boizenburg
zum Durchatmen."

Maike und Daniel Rhode, Boizenburg

Feuer für die Saline

Aus dem Melbecker Moor

Wo heute bloß noch ein paar Blöcke von übrig sind, gab es früher ein mächtiges Hochmoor: Melbeck war ein wichtiger Energielieferant für die Stadt Lüneburg. Wären wir hier vor 1.000 Jahren gewesen, hätten wir eine bis zu 20 Meter hohe Torfschicht gesehen. Den Torf haben die Menschen abgebaut und als Brennstoff genutzt, um die Pfannen der Lüneburger Saline zu befeuern, die für Reichtum und Aufstieg der Stadt sorgte. Was die Stadt reich machte, sorgte für den Untergang des Moores. Zu regenerieren ist es nur sehr, sehr langfristig.

Straßennamen erinnern an das Moor, und unter den rauschenden Blättern der Birken lässt sich ein kühler Spaziergang machen. Die weißen Birkenstämme strahlen im Sonnenlicht, und je weiter wir hinter den Wiesen ins Moor gelangen, desto feuchter wird es. Und hier, im Wald rund um das Moor, schafft unsere Umgebung je nach Witterung die Szenerie für einen Gruselfilm oder einen beschwingten Sonntagsspaziergang.

In Melbeck die Ebstorfer Straße bis zum Ortsausgang Richtung Ebstorf fahren. Achten Sie auf die letzte Straße, die links abgeht, das ist der Moorweg. Dort können Sie am Wegesrand parken, geradezu kommen Sie ins Moor. Dann halten Sie sich eher rechts. [Navi: Moorweg Melbeck]

„Wo früher die Gefahr bestand, zu versinken, kann man sich heute beruhigt in seine Gedanken versenken."

Dr. Antje Reichelt und Dr. Timo Lüth,
Gymnasium Lüneburger Heide, Melbeck

Ein Traum in Lila oder Weiß

Das Marxener Paradies

Ein kleines Tal mit Moorteich und blühender Wiese, beschützt von Buchen und abgeschirmt von den Geräuschen der Motoren: Das ist das Marxener Paradies. Wenn Sie durch den Wald laufen und sich über die vielen Stämme der Rot- und Hainbuchen wundern, können wir Ihnen das erklären. Früher nutzten die Menschen den Wald für Brennholz und schlugen jeweils einen Trieb ab, der Baum entwickelte dann neue Arme.

Wir selbst haben diesen Ort an einem Januartag besucht und die Einsamkeit dort sehr genossen; doch wir haben uns sagen lassen, dass die Form dieses kleinen Tals sogar dann noch seine beruhigende Wirkung erzielt, wenn es wärmer ist und ein paar mehr Menschen hier sind.

Der Parkplatz liegt an der Drögennindorfer Straße zwischen Drögennindorf und Marxen am Berge. Achten Sie auf die Beschilderung am Straßenrand. Von dort erreichen Sie das Tal in wenigen Minuten zu Fuß. Der Rundweg umfasst rund 1 km und ist nicht barrierefrei. Fürs Fahrrad bietet er sich nicht an. [Navi: Drögennindorfer Straße]

„Für den norddeutschen Raum einmalig, ein verheidetes schmales Kerbtal. Hier setzt man sich und beobachtet in aufmerksamer Stille - und begreift dann vielleicht den Namen."

Hinrich Jacobi, Bereich Umwelt des Landkreises Lüneburg

Abgeschirmt vom Außen

Im Breeser Grund in der Göhrde

Wenn Sie es einmal so richtig, richtig ruhig um sich herum haben möchten: Dann fahren Sie in den Breeser Grund. Dort, in der kleinen Heidefläche mitten in den großen Wäldern der Göhrde, werden Sie noch nicht einmal von Nachrichten auf dem Display abgelenkt, wenn Sie mit dem Smartphone ein Foto vom eindrucksvollen Totholz schießen möchten oder von dem Baumstamm, der durch die Blätter blickt wie ein Vogel. Wir zumindest hatten hier noch nicht einmal Handyempfang. Herrlich! Und wenn dann noch der Schäfer mit seiner Herde da ist, ist das Idylle pur.

Mitten im Wald taucht dieser Fleck aus offenen Sand- und Heideflächen so unvermittelt auf, dass man es kaum glauben mag, wenn man hier zum ersten Mal herkommt – ob direkt vom Waldparkplatz aus oder nach einem Besuch der Dorfkirche Riebrau, die im Sommer meist geöffnet ist.

An der L253 zwischen Göhrde und Himbergen ist der Waldparkplatz zum Breeser Grund ausgeschildert. Von dort sind es ca. 20 min zu Fuß durch den Wald, der Weg ist ausgeschildert. Von der Kirche Riebrau sind es ca. 30 min zu Fuß. [Navi: Breeser Grund Göhrde/ Dorfkirche Riebrau]

„Der Breeser Grund ist unser Lieblingsziel zu jeder Jahreszeit: Im August mit der farbenprächtigen Heide, im Spätherbst oder Frühjahr mit den knorrigen Eichengerippen, die mich immer an Gemälde von Caspar David Friedrich erinnern oder – wenn's denn geht – im Winter auf Langlaufskiern!"

Michael Gierow, Pastor in Riebrau

Heide ganz neu

Auf ehemaligem Militärgebiet in Schwindebeck

Es ist noch nicht lange her, da wurde dieses Gebiet von den Briten noch militärisch genutzt und wirkte entsprechend unwirtlich: Bis in die 1990er-Jahre war hier an Sonntagsausflüge gar nicht zu denken. Mittlerweile ist die Schwindebecker Heide zu ihrem kulturlandschaftlichen Leben reanimiert worden und erfreut uns mit ihrem kurzen Anreiseweg.

Je nachdem, wie weit Sie gehen möchten, gelangen Sie bis auf den Feldherrenhügel, ins Luhetal und zur Wassermühle Soderstorf. Bestens beschildert ist zum Beispiel der Heide-Panorama-Weg, der direkt vom Parkplatz an der Schwindequelle über Schwindebeck und Gut Thansen nach Soderstorf und zurück zur Quelle und dem Parkplatz führt (14 km).

Von der K44 zwischen Soderstorf und Schwindebeck abbiegen in die Straße Zur Schwindequelle. Dort liegt ein Parkplatz. An der K44 gibt es einen weiteren Parkplatz inklusive Wohnmobilstellplatz. [Navi: Zur Schwindequelle Soderstorf/ Wohnmobil Stellplatz Schwindebecker Heide]

„Die Schwindebecker Heide ist perfekt für einen Kurzbesuch: Das volle Heide-Erlebnis auf kleinem Raum und gut erreichbar. Wer mehr will, kann drumherum aber auch über Stunden entlang des Heide-Panorama-Weges echte Highlights erkunden, wie die Schwindequelle oder die Geschichte der Kieselgur-Teiche.“

Axel Schlemann, Lüneburg

Breite Pfade durch die Heide

Um den Tütsberg herum

Klar kann man hier auch wunderbar zu Fuß gehen – rund um den Tütsberg aber sind die Wege breit genug, um auch auf dem Fahrrad nicht das Gefühl zu haben, dass es zu eng wird. Wer also gern einmal durch Heidelandschaft radeln möchte, dem sei der Tütsberg empfohlen.

Gut gefällt uns hier auch, dass es viele Infotafeln zur Geschichte der Gegend als ehemalige Panzerübungsfläche und zur Gegenwart gibt: inklusive der Beweidung durch Ziegen und Schnucken – die übrigens schon seit der Bronzezeit in der Heide gezüchtet werden! Die Tafeln stehen sowohl an den Wegesrändern als auch auf dem Landschaftspflegehof Tütsberg selbst. Heidebauern hatten die Kate seit dem 16. Jahrhundert bewirtschaftet, seit 1986 tut das der Verein Naturschutzpark Lüneburger Heide (VNP). Sein Ziel ist die Erhaltung der Kulturlandschaft. Der VNP führt auch das Hotel mit Restaurant und Café am Hof.

Rund um den Tütsberg führt der perfekt ausgeschilderte und auch mit Rädern zu befahrene Ährenrundweg (4 km). Andere Ziele: Niederhaverbeck 4,5 km, Wilseder Berg 8 km, Wilsede 9,5 km. [Navi: Hotel Hof Tütsberg]

„Spazieren gehen am Tütsberg heißt für uns,
die Lüneburger Heide zu genießen,
in ihrer ganzen Ruhe, Weite und Klarheit."

Ronny und Sarah Jakob, Lüneburg

Hoffnung schöpfen

An der Lopau

Mag das Wasser auch zu niedrig sein, um daraus zu schöpfen oder die Unterarme an einem heißen Sommertag zu kühlen: Was sich hier schöpfen lässt, ist Ruhe. An der Lopau und ihrem Birkenkreuz am Ufer beruhigt sich die Seele, und wenn es etwas gibt, das uns schwer macht, können wir es gedanklich vielleicht ins Wasser legen und treiben lassen.

Von der Bank am Birkenkreuz aus führt ein Steg über das Wasser, und wenn Sie den Erlenbruchwald betreten und einige Meter nach rechts gehen, sind Sie vielleicht genauso überrascht wie wir, wie nah einige schöne Ziele für einen Spaziergang liegen: der Lopausee, die Kronsbergheide oder auch die Oldendorfer Totenstatt. Die Findlinge liegen dort seit mehr als 5.000 Jahren, von Menschen aufgehäuft als letzte Ruhestätte für ihre Verstorbenen.

Von der Straße Triangel in Amelinghausen dem Röthenweg bis zum Ende folgen. Von dort sind es keine 500 m zu Fuß zum Kreuz, beim Infoschild für den Königinnen-Weg rechts. Vom Steg aus erreichen Sie die Oldendorfer Totenstatt in 500 m, den Lopausee in 1,8 km und die Kronsbergheide in 1,1 km. [Navi: Röthenweg Amelinghausen]

„Wir können unsere Ängste und Sorgen
unter das Kreuz legen
und neue Hoffnung schöpfen."

Frank Jürgens, Pastor in Amelinghausen

Unsere kleine Schweiz

Am Hasenburger Mühlenbach

Hier lässt sich mit Kindern super verstecken spielen: Das Hasenburger Bachtal im Süden der Stadt ist so herrlich hügelig, verschlungen und verwoben, dass sein Spitzname tatsächlich passt: die Hasenburger Schweiz, geprägt von Wasser und Wurzeln, Buchen und Eichen, Alt- und Totholz. Hier ist Totholz im Gewässer ausdrücklich erwünscht und wird sogar gezielt eingebracht, da es Lebensraum und Versteckmöglichkeiten für die zahlreichen tierischen Bewohner des Baches bietet.

Nasswiesen, Röhrichte und Feuchtwälder: Das Naturschutzgebiet Hasenburger Bachtal zieht sich weit über diese verwunschene Ecke zwischen Uelzener Straße und Hasenburg hinaus, sogar weit über die Grenzen der Stadt. Und wenn Sie von hier in den Lüneburger Tiergarten hinüberwechseln möchten, ist das kein Problem: Unter der Uelzener Straße führt ein Weg für Fußgänger und Radfahrer hindurch, und schwupps sind Sie an der Roten Schleuse.

Die Hasenburger Schweiz liegt zwischen der Soltauer Allee/Hasenburg und der Uelzener Straße. Einen einfachen Einstieg in den Wald bietet die Straße Am Eichenwald, die gegenüber der Hasenburg von der Soltauer Straße abgeht. [Navi Parkplatz: Hasenburger Weg]

„Die Hasenburger Schweiz ist für mich ein besonderer Ort,
weil hier ein Gewässer noch Gewässer sein darf
und in seiner natürlichen Entwicklung
kaum durch den Menschen eingeschränkt wird."

Ann-Kathrin Rabe, Bereich Umwelt der Hansestadt Lüneburg

Eine Villa im Luhetal

Gut Schnede in Vierhöfen

Wenn Sie Farn und Pferde mögen, und wenn Sie einmal weniger Menschen treffen möchten als in den grünen Hotspots der Stadt: Dann ist Gut Schnede ein schöner Ort zum Spazieren. Nahe Vierhöfen im Tal der Luhe gelegen, kommen Sie hier an Herrenhaus und Fischteichen vorbei zu einer prächtigen Jugendstilvilla: dem Haus Schnede – ja, Sie lesen richtig, die Namensgebung kann hier tatsächlich für Verwirrung sorgen.

1907 von einem Hamburger Kaufmann erbaut, der gleichzeitig argentinischer Konsul war, wurde am Haus Schnede bis Mitte der 1920er-Jahre eine große Fischzucht aufgebaut. Vom Haus Schnede können Sie entweder weiter die Luhe entlang gehen oder kommen über Weddermöde zurück zu dem gelben Bauernhaus mit seinen Stallungen, das Gut Schnede heißt.

In Vierhöfen ist der Weg nach Gut Schnede ausgeschildert, die Rehleinstraße geht links ab. Parkmöglichkeiten gibt es am Gut Schnede, vor dem gelben Bauernhaus links. Vom kleinen Bushäuschen führt ein Weg entlang der Fischteiche zum Haus Schnede und über die Luhe zurück. Größere Runden sind ebenfalls möglich, auch mit dem Rad. [Navi: Gut Schnede Vierhöfen]

„Ein weites, wunderbares Gelände,
das man in alle Richtungen erkunden kann.
Gut Schnede ist eine anziehende Gegend für mich,
weil sie mich entschleunigen und ruhiger werden lässt."

Olaf Zimmermann, Lüneburg

Das Bauernhaus Gut Schnede (Foto links oben) heißt wie der Ortsteil von Vierhöfen. Von hier aus geht es zu Fuß zur Villa namens Haus Schnede.

KAPITEL ZWEI

PLÄTZE AM WASSER

2

Nicht weit von hier, auf der anderen Seite der Straße, liegt die Wassermühle Wohlenbüttel, 1870 erbaut. Sie funktioniert noch, wird aber nicht genutzt.

Alles im Fluss

An der Luhe in Wohlenbüttel

Es muss nicht viel sein, damit ein Ort uns Kraft geben kann. Manchmal reicht es, einfach einmal einen anderen Weg entlang zu gehen als diejenigen Wege, die wir immer wieder gehen. Doch wo sollen wir den Weg finden, wenn wir ihn noch nicht kennen?

Von Amelinghausen kommend kurz hinter Wohlenbüttel wartet die Luhe auf Sie. Bei der Brücke an der Mühle lässt sich gut parken, und wenn Sie die Straße überqueren, werden Sie schon die wunderbar gelegene Bank sehen. Sanft plätschert hier das Wasser, und wenn Sie mögen, dann folgen Sie einfach dem sich am Flüsschen entlang schlängelnden Weg durch herrlichen Laubwald. Und wenn Sie wieder zurück sind an der Bank, können Sie vielleicht einen Kaffee aus Ihrem Thermobecher im Rucksack genießen.

Von Wohlenbüttel aus Richtung Oldendorf, nach ca. 200 m erreichen Sie die Brücke über die Luhe an der Mühle. Der schöne Weg führt rechts den Fluss entlang. [Navi: Wohlenbüttel Oldendorf/Luhe]

„Hier an der Luhe
bekommt die Seele die Möglichkeit,
sich treiben zu lassen."

Sonja Scholling und Christian Meyer, Eselwanderungen Oldendorf/Luhe

Postkartenblick inklusive

Im Lüneburger Wasserviertel

Der Abschied von der Trauerweide neben dem Alten Kran war zwar traurig. Aber er macht uns etwas möglich, das es bisher nicht gab: Wir können auf einer Bank sitzen und auf die im Sonnenlicht leuchtenden Fassaden gegenüber blicken. Oder wir lassen uns durch die Gassen zwischen Stint und St. Nicolai treiben; wenn wir aufmerksam sind, erfahren wir auf Tafeln an den Häusern etwas über ihre ehemaligen Bewohnerinnen und Bewohner. Nahe St. Nicolai kommen wir am einstigen Stadthof des früheren Klosters Scharnebeck vorbei, wo im 19. Jahrhundert Holztonnen produziert wurden. Nur ein paar Schritte entfernt liegt der Bastion-Park, seit der Umgestaltung vor einigen Jahren viel schöner als die Jahrzehnte zuvor, mit Spielplatz und Wiese zum Picknick.

Tafeln mit Fotos und Texten hängen in der Koltmannstraße, Bei der St. Nicolaikirche, Im Wendischen Dorfe, Lüner Straße und Salzstraße am Wasser. Von dort erreichen Sie den Bastion-Park am Schifferwall über eine Unterführung. [Navi: Am Fischmarkt Lüneburg]

„Jeden Tag schaue ich aus jedem Fenster,
sehe den Alten Kran, den Salz-Ever im Hafenbecken und
die Giebel der gegenüberliegenden Backsteinhäuser
aus der Renaissance, verweilende Gäste dieser mehr als
tausendjährigen Stadt, Brautpaare, ein Entenpärchen;
dann muss ich mich immer noch kneifen, um zu realisieren,
dass dieses lebendige Postkartenmotiv,
dieser unverschämt schöne Platz mein Zuhause ist."

Dr. Carola S. Rudnick, Wasserviertel

SCHALLANDER
Zum alten Kran

Schwindebachquelle
Daten und Fakten:
Zweitgrößte Quelle Niedersachsens
Unter Naturschutz seit 1936
Temperatur ca. 9 Grad
Gewässergüteklasse II (gering belastet), sauerstoffarm und eisenhaltig
Entspringt auf einer Wasserfläche von 30 m^2
Wasserabfluss ca. 60 Liter pro Sekunde

Eine Stunde in Erdkunde

An der Schwindequelle

Marketingmenschen nennen sie ein Naturwunder, und ein Wunder der Natur ist sie in der Tat: 60 Liter Wasser pro Sekunde kommen hier aus der Tiefe der Erde, die Schwindebachquelle ist die zweitwasserreichste Quelle Niedersachsens. Nur eine Quelle im Harz kann sie toppen.

Wer sich hier im Wald ein wenig Zeit nimmt und beobachtet, wie das Wasser sich durch den Boden nach oben drückt, wird nicht nur aufwirbelnden Sand am Grund sehen, sondern auch Farben, die nicht durch die Spiegelung von Laub oder Himmel entstehen: Das Rot bildet sich durch Eisenoxide, das Türkis durch Manganoxide. Baden ist nicht erlaubt – zum Glück, es wäre auch sehr frisch mit 9 Grad Celsius. Eines tut die Quelle allerdings niemals: zufrieren.

Der Weg vom Parkplatz zur Quelle ist nicht weit; wer sich also noch ein wenig weiter die Füße vertreten möchte, dem sei ein Abstecher empfohlen: Zur Schwindebecker Heide ist es von hier ein Katzensprung.

Von der K44 zwischen Soderstorf und Schwindebeck abbiegen in die Straße Zur Schwindequelle. Dort liegt ein Parkplatz, von dem aus ein ausgeschilderter Waldweg zur Quelle führt. [Navi: Zur Schwindequelle Soderstorf]

„Die Schwindequelle ist wirklich faszinierend, gerade auch als Familie mit Kindern immer einen Besuch wert, weil das Wasser in so unterschiedlichen Farben schimmert. Je nach Wetter und Laune spazieren wir danach gern durch die wunderschöne Schwindebecker Heide."

Mike Ramftler, Südergellersen

Aug in Aug mit Auerochsen

An Sude und Krainke in Preten

Neugierig, wer da wohl vorbeikommt sind die Auerochsen und schauen Spaziergänger gerne an. Gemeinsam mit Koniks sorgen die Rinder für die Beweidung rund um Preten im Amt Neuhaus. Dort kaufte die Stiftung The Stork Foundation Flächen an, um Störchen Lebensraum zu schaffen. Und sie hat einen wunderbaren Naturerlebnispfad eingerichtet: 1,5 km führt der Rundweg durch den alten Schlosswald, und wir versprechen Ihnen: Die kleinen Tafeln und Mitmachstationen sind so kurzweilig und informativ, dass wir keine einzige ausgelassen haben.

Wer danach noch weiter spazieren mag, kann in Richtung Deich und dann links gehen, immer der Krainke entlang, oder auch eine wunderbare Tour durch die nahe gelegenen Sudewiesen machen. Keine Sorge, wenn der Weg direkt durch die Weide führt: Die Auerochsen weichen aus, und die Pferde sind mit Spaziergängern vertraut.

An der Storkenkate der Stork Foundation gibt es einen Parkplatz, der Naturerlebnispfad ist ausgeschildert. Guter Startpunkt für eine Tour zu Fuß oder per Rad durch die Sudewiesen ist das Café im ehemaligen Bahnhof Preten, 1,5 km von der Kate entfernt. Von dort sind es bis Sückau und zurück 9,5 km, nach Bleckede 17 km. [Navi: Storkenkate Preten/ Café Schwarzes Schaf Amt Neuhaus]

„Schwarzes Schaf und Storkenkate, Schlosswald, Deiche, Brücke, Biber: Wir haben es schon schön hier. Ein feines Fleckchen Erde - immer gut zum spazieren gehen, wandern, Rad fahren."

Joachim Müller, Dorfgemeinschaft Preten

Über Brücken gehst du

Im Lüneburger Tiergarten

Der Tiergarten rechts und links der Ilmenau im Stadtteil Wilschenbruch: Früher diente das Gebiet zur Weidung von Kühen, Pferden und Schafen. Heute spazieren Sie hier durch Wälder, entlang von Sümpfen, Nasswiesen und Weiden eines Naturschutzgebiets – und über zwei sehr besondere Brücken.

Wenn Sie neu in Lüneburg sind, werden Sie hier an der berühmtesten Brücke der Stadt vorbeikommen: der Teufelsbrücke, benannt nach dem früher dort gelegenen Sumpfgebiet Düvelsbrook (Teufelsbruch). Gebaut 1893/94, ist die kleine Stahlbrücke über die Ilmenau tatsächlich die älteste Brücke der Stadt. Weiter im Süden, Richtung Rote Schleuse, führt Sie ein sehr besonderes Bauwerk über den Bach: die Handwerkerbrücke, 2018 aus Douglasien und Eichen des Stadtforstes gebaut, in traditioneller Technik und reiner Handarbeit.

Übrigens: Die Orientierung an der Ilmenau macht eine Radtour von Deutsch Evern bis Bardowick möglich – mit nur einer einzigen Ampel an der Amselbrücke entlang der Strecke!

Wenn Sie mit dem Auto kommen, gibt es an der Straße Rote Schleuse schräg gegenüber vom Campingplatz einen öffentlichen Parkplatz. [Navi: Rote Schleuse Lüneburg]

„Beide Brücken verbindet die Handarbeit, obwohl sie in verschiedenen Jahrhunderten gefertigt wurden. Daran erfreue ich mich immer wieder!“

Uta Hesebeck, Tiefbauamt der Hansestadt Lüneburg

Ein Rundling mit Rundweg

Walmsburg an der Elbe

In seinem Zentrum ein Rundlingsdorf wie aus dem Lehrbuch, im Halbkreis angelegt um den Dorfplatz mit Brunnen herum – an das frühere Gericht, den Pranger, erinnert das Halseisen von 1707, das die Walmsburger bis heute aufbewahren und nahe dem Brunnen zur Schau stellen.

Auf dem Funckenhof Im Sandgarten leben verschiedenste Tiere und Pflanzen, dort sind kleine und große Tierliebhaber herzlich willkommen, ebenso wie Kinder es auf dem Spielplatz gegenüber sind. Von der Dorfmitte führt ein Rundweg über das Walmsburger Werder zur Elbe und zurück – wunderbar.

Falls Sie mit dem Auto zum Wasser wollen oder müssen, geht das hier sogar auch. Es gibt, und das ist selten, einen Parkplatz direkt am Fluss.

Parken können Sie in der Dorfmitte am Wiesenweg. Wenn Sie die Straße weiterfahren und vor dem Rechtsknick links abbiegen, erreichen Sie dem Weg folgend den Parkplatz an der Elbe. Der Rundweg (ca. 3 km) für Fußgänger oder Mountainbikes ist von der Dorfmitte aus mit weißem Dreieck auf schwarzem Grund ausgeschildert. Walmsburg ist auch mit dem Bus erreichbar. [Navi: Wiesenweg Bleckede]

„Ich lebe dort,
wo andere einmal Urlaub machen sollten."

Andrea Funcke, Funckenhof Walmsburg

Die Elbe von oben

Auf dem Kniepenberg in Drethem

Sie formt weite Kurven und Schleifen, und von hier oben ist das sogar zu sehen: Die Elbe gehört zu den letzten naturnahen Flüssen Europas, und wir können uns glücklich schätzen, dass sie durch unsere Region fließt, geschützt durch das Biosphärenreservat Niedersächsische Elbtalaue. Wer sich hier oben auf dem Aussichtsturm Kniepenberg den Wind um die Nase wehen lässt, kann die Lungen mit wunderbar frischer Luft füllen und gefühlt so weit blicken, bis die Erde sich krümmt.

Der Ausblick lässt sich mit einem Spaziergang verbinden, zum Beispiel auf dem Wanderweg E. Nach wohl einer Viertelstunde (ca. 1 km) kommen Sie zu einer Bank mit Blick auf die Elbe. Wenn Sie noch ein Stückchen dem Weg in Richtung Ufer folgen, kommen Sie nach ein paar Hundert Metern zu einem wunderbaren Stückchen Sandstrand.

Vom Parkplatz an der Elbuferstraße zwischen Drethem und Tießau zu Fuß hinauf zum Turm. Wenn Sie ein wenig länger laufen möchten, können Sie an der kleinen Kirche in Drethem parken und folgen vom Ende der Straße An der Elbe aus dem Wanderweg. [Google Maps: 5XW9+63 Hitzacker]

„Der Blick vom Kniepenberg erinnert mich an einen besonderen Kraftort in meiner oberpfälzer Heimat. Weil sich die Landschaften ähneln, kann ich auf dem Kniepenberg gut entspannen und mental auftanken."

Dr. Franz Höchtl, Biosphärenreservatsverwaltung Niedersächsische Elbtalaue

Froschkonzert am Bach

Im Biotop Billerbeck in Melbeck

Ein Freiluftkonzert ganz ohne Eintrittskarte: Das können Sie in Melbeck hören, wenn Sie den Weg entlang der Billerbeck spazieren. Die Musiker: Frösche. Was vorher begradigt als Abwassergraben diente, schlängelt sich heute wunderbar mäandrierend durch das Biotop: Mit großem Aufwand ist das Flüsschen 2011 renaturiert worden.

Sie kommen vorbei an dem neuen Wiesenteich, der Bühne von Frosch, Libelle und Wasserkäfer. Und wenn Sie am Aussichtspunkt stehen und die Informationstafel lesen, dann werden Sie es vermutlich genauso wenig glauben wie wir es taten: Das, was dort vor Ihnen liegt, war 1986 noch ein Getreideacker. Per Drainage hatte man das Grundwasser abgesenkt, um die Fläche landwirtschaftlich zu nutzen. Das blieb glücklicherweise schwierig, und 2008 gab man das menschliche Vorhaben auf. Die Natur erhielt ihr Vorrecht zurück.

Am westlichen Ortsausgang von Melbeck Richtung Kolkhagen links, die Straße Ätzberg führt am Ende wieder auf die Hauptstraße. Dort befindet sich auch der Eingang in das Biotop Billerbeck. Sie können sogar bis Barnstedt und zurück laufen. [Navi: Ätzberg Melbeck]

„Kaum vorstellbar,
dass vor 10 Jahren hier noch geackert wurde.
Durch Umgestaltung der Landschaft
kann man die Kraft der Natur wecken - respektieren
und schützen wir dieses."

Burkhard Jäkel, Bereich Umwelt des Landkreises Lüneburg

Die richtige Bildachse

Am Lüneburger Kreidebergsee

Von hier oben gibt es einen Blick, den Sie so an keiner anderen Stelle der Stadt haben werden: Wenn Sie dem Rundweg um den Kreidebergsee folgen und an der höchsten Stelle in der Kleingartenkolonie zum Aussichtspunkt laufen, dann sehen Sie, wie St. Nicolai, St. Johannis und der Wasserturm sich so nahe kommen, als würden sie nebeneinander stehen.

Der Weg rund um das Biotop ist nicht allzu lang, er hat Mittagspausenlänge. Eindrücklich ist hier nicht nur der Blick auf die drei Türme, sondern auch auf die Kalksteinwände – besonders, wenn sie in der Sonne liegen. Der See entstand, weil hier Gips abgebaut wurde, seit 1406 gab es dort eine städtische Kalkbrennerei, die später zur Zementfabrik wurde. In den 1980er-Jahren verwandelte die Stadt ihn in ein Naherholungsgebiet.

Der einfachste Einstieg in den Rundweg liegt an der Straße Am Kreideberg. Der Weg ist ausgeschildert, auch im Bereich der Kleingärten. Bitte nicht vergessen: Das Baden im See ist nicht erlaubt. [Navi: Am Kreideberg 12 Lüneburg]

„Der Kreidebergsee ist für mich eine wunderbare Oase in der Stadt. Mit Familien, Jugendlichen, fleißigen Schrebergärtnerinnen und -gärtnern, dem beeindruckenden geologischen Zeugnis der Kreideformation und nicht zuletzt dem Blick von oben auf Lüneburg. Da geht mir das Herz auf!"

Prof. Dr. Heike Düselder, Museum Lüneburg

Erfrischung gefällig?

Im Barumer See

Platsch, hinein in die Fluten! Der Barumer See begrüßt Sie freundlich und einladend. Ob im Schatten unter einem Baum oder in der Sonne neben dem Schilf, auf Ihrer Decke oder Ihrem Handtuch können Sie es sich hier so bequem machen wie Sie mögen.

Die Wasserqualität ist ausgezeichnet, und wer mit einem Kanu, Boot oder SUP unterwegs ist, kommt von hier aus über die Neetze durch das hübsche Lüdershausen bis zum Reihersee (ca. 3 km) oder macht sich auf gen Oldershausen. Das Jugendgästehaus der Samtgemeinde bietet Schlafplätze für Radler oder Kanuten (Infos: 04131/120127).

Zum Badestrand geht es von der Straße Am See kurz nach der Rechtskurve Richtung Bütlingen rechts ab. Von den kostenlosen Parkplätzen aus sind es wenige Minuten zu Fuß zu den Badestellen. Am Jugendgästehaus gibt es öffentliche Toiletten und Freiluftduschen, am Badestrand eine Ladestation für E-Bikes. Es gibt keine Badeaufsicht. [Navi: Am See Barum]

„Durch die Wiesen, Felder und den Bezug zum Wasser
ist der Barumer See
für mich ein erholsamer Ort zum Spazieren,
Schwimmen und Entspannen."

Angela Leuenberger, Barum

Unverstellter Weitblick

An der Elbe in Radegast

Diese Bänke bieten Logenplätze! Sie stehen oben auf dem Deich, wo die Elbe einen ihrer Arme ins Land streckt, den Radegaster Haken. Von hier aus können wir all das genießen, was uns das Biosphärenreservat Niedersächsische Elbtalaue bietet: eine der letzten naturnahen Flusslandschaften Mitteleuropas.

Ein paar Schritte zurück in Richtung Dorf gibt es einen Grillplatz am Wasser, angelegt von der Dorfjugend und von allen nutzbar, die ihn und die Natur sorgsam behandeln. (Grillen ist im Biosphärenreservat ansonsten nicht erlaubt.) Noch ein paar Schritte weiter, auf dem Campingplatz Elbeling, warten ein Spielplatz und ein kleiner Swimmingpool – Ihre Kinder und Sie sind willkommen! Und die kleine Kirche im historischen Dorfkern gibt jedem, der mag, einen Segen mit nach Hause.

Hier lässt es sich wunderbar Fahrrad fahren, auch mit dem Bus ist Radegast erreichbar. Wer mit dem Auto kommt, kann gut hinter der Kirche parken, die Straße heißt Zum Kirchplatz und mündet in Am Deich. Dort gibt es für Regenwetter auch einen bedachten Pausenplatz. Am Deich rechts, zu Fuß sind es ein paar Minuten bis zur Bank. [Navi: Zum Kirchplatz Radegast]

„Als wir Radegast das erste Mal besuchten,
haben wir uns gleich verliebt.
Die Entscheidung, von Holland herzuziehen,
haben wir nie bereut!“

Erik und Aliena Kaspers, Campingplatz Radegast

Dem Strom folgend

An der Ilmenau zum Kurpark Bad Bevensen

Der Weg allein ist schon schön, und das Ziel ist die Anfahrt wirklich wert, ob per Fahrrad, Bahn oder Auto. Angelegt 1955, ist der Kurpark von Bad Bevensen in den vergangenen Jahren aufwendig neu gestaltet und modernisiert worden – wer dort einmal auf einem der geschwungenen Holzstühle gesessen oder in einer Hängematte gelegen und den Eukalyptusduft aus der nahen Jod-Therme geschnuppert hat, könnte sich fühlen wie im Wellness-Urlaub. In der Ilmenau gibt es eine Wassertretstelle und Platz für SUPs, am Seerosenteich laden Liegen zur Pause ein.

Zugegeben, für dieses innere Bild brauchen wir bei Winterfotos ein wenig Fantasie. Aber wir wissen es aus eigener Erfahrung: Wunderbar bunt ist es hier zwischen Frühjahr und Herbst, zwei Mal im Jahr pflanzt das Gärtnerteam neue Blumen. Im Sommer blüht der Taschentuchbaum mit weißen Blättern, die aussehen wie es sein Name vermuten lässt, und im September duftet der Kuchenbaum nach ... richtig! Lebkuchen.

Von Lüneburg aus bietet sich der Eingang an der Amselbrücke/ Willy-Brandt-Straße in den Ilmenauradweg an, praktisch ist auch der Einstieg in Deutsch Evern am Petersberg, siehe Navi-Hinweis. Bis zum Kurpark sind es ca. 20 km, der metronom braucht 14 min. [Navi: K7 Deutsch Evern]

„Meine größte Liebe gehört den Bäumen, sie sind wie eine Familie für mich. Zum Beispiel der Urweltmammutbaum oder die Kaukasische Eiche. Oder der 70 Jahre alte Apfelbaum. Ich habe einfach den schönsten Job der Welt!"

Christiane Wittkowski, Gärtnerin im Kurpark Bad Bevensen

3

KAPITEL DREI

BUNTE ORTE

Über uns fliegt das Glück

Die Störche in der Auenlandschaft

Sie gelten als Glücksbringer, und in der Elbtalaue sind besonders viele von ihnen unterwegs: Weißstörche. Früher brüteten sie auf Felsen oder Bäumen, heute tun sie das auf Schornsteinen, Türmen und den Giebeln der herrlichen Hallenhäuser, wie sie sich in den Dörfern an den Elbdeichen entlangziehen. Sogar die seltenen und scheuen Schwarzstörche sind hier mitunter zu beobachten.

Das Land Niedersachsen hat in der Elbtalaue über Jahrzehnte hinweg Flächen angekauft, um sie durch Vernässung storchenfreundlich zu gestalten. Die Stiftung The Stork Foundation in Preten sorgt auf den Sudewiesen nordwestlich von Neuhaus dafür, dass die brütenden Störche im Auengrünland Nahrung finden. Der Storch liebt feuchte und frisch gemähte Wiesen sowie Sümpfe: Dort findet er Würmer, Käfer und Schnecken, Feldmäuse, Maulwürfe und Heuschrecken. Im August, wenn der Nachwuchs flügge ist, machen sich die Störche auf den Weg gen Süden.

Wie eine Perlenschnur reihen sich die Nester an der Elbe entlang, die meisten liegen am östlichen Ufer zwischen Neu Bleckede und Wehningen. Westlich der Elbe liegen die Horste zwischen Hittbergen, Radegast und Bleckede.

„Störche sind ein markantes Zeichen unserer weltweiten Verbundenheit. Zuhause bei uns und in Afrika. Ich freue mich, dass es ihnen bei uns so gut geht. Sie sind gern gesehene Mitbewohner.“

Christian Cordes, Superintendent in Bleckede

Artenvielfalt par excellence

Am Kalkberg Lüneburg

Wenn Ihnen hier eine Pflanze zunickt, kann es nur das Nickende Leimkraut sein (Silene nutans). Wenn Sie im Sommer Schnee sehen, dann am Wolligen Schneeball (Viburum lantana), und behaart sind hier nicht nur Ziegen, sondern auch die Behaarte Gänsekresse (Arabis hirsuta).

Der Kalkberg in Lüneburg zählt zu den ältesten und gleichzeitig ungewöhnlichsten Naturschutzgebieten Deutschlands. Wegen der besonderen Bedingungen in Geologie und Kleinklima wachsen hier Pflanzen, die eigentlich im südlichen Mitteleuropa zu Hause sind. Und das mitten in der Stadt! Wo die Lüneburger mehr als 800 Jahre lang Gips abbauten (bis 1922), leben heute mehr als 250 verschiedene Blütenpflanzenarten, mehr als irgendwo sonst in Norddeutschland.

Der ehemalige Gipsofen liegt Beim Kalkberg 7, die Sackgasse geht vom Schnellenberger Weg ab. Dort bietet der Bund für Umwelt und Naturschutz (BUND) Ausstellungen an sowie eine Broschüre mit Entdeckertouren über den Berg. Wenn Sie einfach so auf den Berg wollen, um aus 56 m Höhe über die Stadt zu blicken, führt der bekannteste Einstieg über den Schlöbcke-Weg (Eingänge Neuetorstraße oder Beim Benedikt Ecke Görgesstraße).

„Auch nach 10 Jahren Schutzgebietsbetreuung
wird der Kalkberg nicht langweilig,
im Gegenteil - je mehr man weiß, desto mehr entdeckt man."

Sibylle Wickbold, BUND am Kalkberg

Bauernhof mit offenen Türen

An den Teichen in Rettmer

Es war einmal eine Ziegelei, idyllisch lag sie in einem kleinen Vorort von Lüneburg. Der hieß Rettmer. Heute ist Rettmer mit Lüneburg verwachsen, und aus der Ziegelei ist ein Erlebnisbauernhof inklusive Arche-Betrieb zum Erhalt alter Nutztierrassen geworden.

Bewirtschaftet wird der Hof nach den Regeln der Permakultur, das bedeutet die Schaffung dauerhaft funktionierender, naturnaher und nachhaltiger Kreisläufe. Hier leben bedrohte Nutztiere wie Moorschnucken, Vorwerkhühner, Lakenfelder Hühner und Thüringer Waldziegen, Bunte Bentheimer Schweine, Pommerngänse und Bienenvölker, die wesensgemäß gehalten werden.

Übrigens: Die Ziegen sieht man manchmal im Fernsehen! Der Hof an den Teichen ist der sogenannte Ziegenhof aus der Serie Rote Rosen.

Wenn Sie in Rettmer nach dem Schornstein der alten Ziegelei Ausschau halten, finden Sie automatisch den Hof. Hofladen mit Produkten der eigenen Landwirtschaft und Café. [Navi: Heiligenthaler Straße 1 Lüneburg]

„Landwirtschaft, wie wir sie uns wünschen.
Alles transparent und erlebbar. Kommen Sie gerne mit Zeit
zum Erleben, Entspannen und Genießen:
täglich von 12 bis 18 Uhr.“

Klaus Hoppe, Initiator des Hofes

Von Kunst zu Kunst spazieren

Auf dem Skulpturenpfad Bienenbüttel

Er führt direkt an der Ilmenau entlang und lässt sich ganz wunderbar auch ohne Auto erreichen: der Skulpturenpfad zwischen Bienenbüttel und Grünhagen. Wer in Lüneburg an der Kreuzung Willy-Brandt-Straße und Amselweg südlich in den Wald (Naturschutzgebiet Tiergarten) fährt und dort den Schildern des Ilmenauradwegs in Richtung Deutsch Evern und Bienenbüttel folgt, kommt nach nicht allzu langer Zeit in Bienenbüttel bei der Ilmenauhalle an – von dort sind es nur wenige Meter bis zur Kanustation am Fluss. Der Weg führt direkt am Ufer entlang in Richtung Norden nach Grünhagen, knapp 9 Kilometer sind es hin und zurück.

Auf dem Pfad spazieren Sie nicht nur nah am Fluss entlang von Wiesen und Weiden, sondern begegnen wie zufällig immer mal wieder Objekten, ob aus Stein, Holz oder Metall. Und manchmal baut die Natur ihre eigenen Objekte – welche Sie schöner finden, entscheiden Sie selbst.

Alternativ zu Fahrrad oder Auto geht's mit dem metronom nach Bienenbüttel. Vom Bahnhof zur Kanustation bei der Ilmenauhalle dauert es 10 min. Mit dem Rad sind es von Lüneburg ca. 15 km, mit dem Zug 8 min. [Navi: Kanustation Bienenbüttel]

„... ein spannender kurzweiliger Weg entlang der Ilmenau. Wer es weit mag, kann auch in Lüneburg mit der Wanderung starten - I like!"

Nicole Janszikowsky, Lüneburg

Obst pflücken statt kaufen

Auf öffentlichen Flächen in Lüneburg

Äpfel, Birnen, Kirschen und Pflaumen: Wenn an Lüneburgs Straßenrändern, auf Spielplätzen, in Parks und auf öffentlichen Wiesen Obstbäume wachsen, dann darf die Früchte jeder ernten. Wann das Obst reif ist, hängt von der Sorte und vom Witterungsverlauf ab – die Äpfel sind in der Regel von Anfang September bis Oktober fertig zum Pflücken. Birnen sind im Juli reif, Kirschen im Juli/ August und Pflaumen im September.

Hier darf jede und jeder ernten: auf der Obstwiese am Kreidebergsee, im Hof der Jugendbücherei „Auf dem Klosterhof", an der „Apfelallee" in Kaltenmoor, auf den Grünflächen in den Wohngebieten „Bülows Kamp" und „In den Kämpen", unterhalb der Friedrich-Ebert-Brücke in der „Bülowstraße", auf dem Spielplatz in der Altstadt „Auf der Rübekuhle", auf der Grünfläche östlich von Volgershall, im westlichen Teil des Wohngebietes Brockwinkler Weg, in Ochtmissen im Wohngebiet Krähornsberg („Naruto-Straße", „Lupmerfeld"), in der „Heiligenthaler Straße" in Richtung Oedeme, in Rettmer im östlichen Teil des Wohngebiets Pilgerpfad, zwischen Rettmer und Häcklingen im Drögenkamp und in Häcklingen im „Embser Kirchweg", an der „Hauptstraße" und im „Triftweg".

„Wir freuen uns, wenn die Früchte gegessen werden
und den Menschen schmecken.
Nur bitte nicht die Äste schütteln und herunterziehen –
das tut den Bäumen nicht gut."

Peter Zurheide, Bereich Grünplanung der Stadt Lüneburg

Vierbeiner lieben Besuch

Im Arche-Park Lüneburg

Hallo und guten Tag, ihr freundlichen Vierbeiner! Warum seht ihr denn aus wie die dänische Flagge? Warum habt ihr keine Hörner? Und warum heißt ihr wie ein Staubsauger? Willkommen im Zoo, der keiner ist! Im Arche-Park des Umweltbildungszentrums SCHUBZ leben Nutztiere, die vom Aussterben bedroht sind: Lippegänse und Lachshühner, Thüringer Wald Ziegen und Weiße Hornlose Heidschnucken (die ohne Hörner), Rotbunte Husumer Schweine (die mit der Flagge), Harzer Ziegen und Vorwerkhühner (die mit dem Staubsauger). Und dann wäre da noch das Sikawild, das zwar keine Haustierrasse ist, aber zu dem ehemaligen Wildgehege einfach dazugehört.

Wenn Sie wissen möchten, was das Umweltbildungszentrum mit seinen Bewohnern hier alles auf die Beine stellt: www.archepark-lueneburg.de.

Der Arche-Park liegt am Ochtmisser Kirchsteig gegenüber der Straße Am Wildgehege. Vorne gibt es einen Parkplatz, das Gelände können Sie frei erkunden. Der Arche-Park ist jederzeit zugänglich. Die Bushaltestelle heißt Am Wildgehege. [Navi: Ochtmisser Kirchsteig 69 Lüneburg]

„Landluft mitten in Lüneburg schnuppern, das kann man im Arche-Park. Mein Lieblingsplatz ist bei den Rotbunten Husumer Landschweinen – vor allem, wenn sie es sich in der Suhle bei heißem Wetter gut gehen lassen. Die Gemütlichkeit ist einfach toll anzusehen.“

Dr. Frank Corleis, Umweltbildungszentrum SCHUBZ

Niedersächsisch gemütlich

Das ist Bleckede

Für Neu-Zugezogene sei gesagt: Das erste e im Wort Bleckede wird lang gezogen, und die Bleckeder werden es Ihnen mit Wohlwollen danken, wenn Sie mit langem e von diesem kuscheligen Örtchen schwärmen.

So schick wie die Freiluftmöbel an den Promenaden der Ostseeküste sind auch die Steinstufen, Tische und Holzstühle am neuen Hafenplatz in Bleckede. Die Stühle lassen sich drehen – entscheiden Sie selbst, ob Sie Ihr Gesicht lieber in die Sonne halten oder auf die Elbe gucken möchten. Auch der Rest des kleinen Städtchens ist einen Bummel wert, so hübsch, wie sich die Breite Straße mit ihren vielen restaurierten Fachwerkfassaden zeigt. Wer es lieber kühler hat, findet Schatten im Schlosspark (Schloßstraße) oder Ruhe in St. Jacobi. Ein besonderes Kreuz steht dort seit 1995: Es besteht aus abgestorbenen Ästen aus der Nähe der Elbquelle.

Ein Tipp zum Schluss: An der katholischen Kirche gibt es einen wunderbaren Schöpfungsgarten, offen für jeden, der hier Kraft schöpfen mag.

Nach Bleckede fährt ein Bus. Am Hafen gibt es Parkplätze, am Bleckeder Haus auch für Wohnmobile. Der Weg in die Innenstadt ist ausgeschildert (ca. 500 m). Die katholische Kirche liegt Auf dem Kamp 3. [Navi: Elbstraße Bleckede]

„Ich mag Bleckede,
weil die lebendige Altstadt mit hübschen Geschäften
und vielfältigen kulinarischen Angeboten
immer wieder neugierig macht!"

Urte Rötz, Breite Straße

Das Ursprüngliche im Blick

Im Naturwald in Südergellersen

Es wird noch einige Jahrzehnte dauern, aber dann wird es in Südergellersen einen Urwald geben. Denn im Hambörn ist jegliche wirtschaftliche Nutzung des Waldes untersagt. Es wird kein Totholz entnommen, es gibt keinerlei Bewirtschaftung. Der Wald darf und wird sich ganz einfach so entwickeln, wie er es will, ursprünglich und ohne jeden menschlichen Eingriff.

Es gibt hier wunderbar verschlungene Wege durch den Wald, einen Flurlehrpfad mit Infotafeln, einen Wichtelpfad für Familien mit versteckten Wichteln im Wald und eigens angelegte Rastplätze. Gleich nebenan liegt eine Heidefläche, die durch kontinuierliche Pflege erhalten wird, und der einstige Schafstall und die Köhlerhütte laden zum Picknick ein. In direkter Nachbarschaft liegt nicht nur der Bestattungswald Hambörn, sondern von einem Aussichtsturm können Sie bis zu den Türmen der Stadt Lüneburg blicken.

In Südergellersen den Westergellerser Weg bis zum Ende fahren, beim Aussichtsturm wird er zum Schotterweg. Rund 200 m nach dem Turm gibt es Parkmöglichkeiten direkt am Wald. Der Naturwald ist barrierefrei. [Navi: Westergellerser Weg Südergellersen]

„Nach dem Blick vom Aussichtsturm
spaziere ich gern mit meinem Hund durch den
verwunschenen Mischwald.
Manchmal ist es dort fast mystisch. Wie ein Märchenwald!“

Sigrid Vogelsang, Vögelsen

Ein See im Blumenmeer

Auf dem Michaelshof in Sammatz

Freundlich ist die Begrüßung, die wir in Sammatz erleben: Ziegen und Schweine, Schafe und Rinder, Esel und Laufenten sagen uns zwar nicht „hallo", aber sie alle sehen so sympathisch aus, dass wir einfach nicht anders können und ihnen lächelnd ein „hallo" zurufen.

Dabei ist der Arche-Hof für bedrohte Nutztierrassen nur der Anfang aller Überraschungen auf dem Michaelshof in Sammatz. Im Garten-Park dahinter erwartet uns das viel zitierte Meer aus Blumen, an denen wir uns kaum sattsehen können. Berührt von dem kleinen Teich mit dem Baum und der Bank in der Mitte und fasziniert von den Farben der Papageienfedern im Vogelhaus folgen wir dem Schild zum Waldsee. Und was Sie dort sehen und spüren, das können wir hier nicht beschreiben. Das müssen Sie einfach selbst erleben. Zu jeder Jahreszeit.

Parkplätze gibt es im Dorfzentrum und etwas außerhalb, ein paar Gehminuten entfernt. Hofladen mit Produkten der eigenen Landwirtschaft und Café. Gegenüber liegt ein großer offener Kinderspielplatz. Sammatz ist mit dem Bus erreichbar. [Navi: Im Dorfe 11 Neu Darchau]

„Vom Menschen gestaltete Natur - Garten und Park
sind seit jeher ein Raum fürs Sinnen, Erleben, Entspannen.
Nehmt euch ein wenig Zeit, um Blumen und Landschaft,
Licht und Düfte wahrzunehmen.
Sie sprechen zur Seele, jedes in seiner Art und Schönheit."

Claudia Brady, Mitbegründerin der Initiative Michaelshof

Eulen an den Bäumen

In der Wolfsschlucht in Hitzacker

Zugegeben: Hitzacker liegt nicht gerade ums Eck. Aber wir lieben es! Unser Spaziervorschlag: Per Fußgängerbrücke am Fischergang die Jeetzel überqueren und dann nicht gleich die Treppen zum Weinberg hochgehen, sondern rechts entlang der alten Jeetzel so lange dem Weg (E) folgen, bis oben auf der Elbhöhe eine Bank mit unglaublicher Aussicht auf die Elbe auftaucht. Dort rasten, umdrehen und beim nächsten Schild dem Weg E nach rechts in Richtung Klötzie folgen (diese Stelle ist etwa 2 km von der Altstadt entfernt). Nach etwa 200 Metern tut sich eine Geländeformation auf, die wirklich beeindruckt: die Wolfsschlucht. Dem Weg E immer weiter folgen und nach dem „Waldfrieden" endlich hinauf zum Weinberg! Dort gibt es nicht nur einen großartigen Blick, sondern ausreichend Sitz- und Rastgelegenheiten. Die Treppen hinab führen Sie automatisch zurück zur Fußgängerbrücke.

Der Zug fährt mehrmals täglich. Wer mit dem Auto (oder Wohnmobil) kommt, kann kostenlos parken auf dem Parkplatz an der Marschtorstraße. Dort gibt es öffentliche Toiletten, zur Brücke sind es ein paar Minuten zu Fuß. Insgesamt dauert unser Rundweg um die zwei Stunden. Tipp: Bei der ersten Gabelung am Nordic-Walking-Schild können Sie rechts oder links gehen, die beiden Wege treffen sich wieder. [Navi: Marschtorstraße Hitzacker]

„Berge und immer die Elbe im Blick:
Die Wolfsschlucht ist wirklich eine Überraschung
im norddeutschen Flachland."

Jens Rohlfing, Pastor in Hitzacker

Ein Deich lädt ein

In Stiepelse an der Elbe

Stiepelse ist bunt: Viele Einwohner haben bunt bemalte Pfähle vor ihre Zäune gestellt, die vielen Cafés werben für sich, die Blumen in den Vorgärten blühen, und ein großer Mehrgenerationenspielplatz lädt zum gemeinsamen Spiel ein.

Stiepelse ist nicht nur bunt, es ist auch freundlich: Hier stehen unzählige Bänke auf dem Deich für Gäste, Elbblick natürlich inklusive. Wenn Sie lieber hinunter zum Wasser wollen, gibt es hier Sandbuchten mit Strand-Atmosphäre. Und wenn Ihnen nach etwas Ruhe oder kühler Luft ist, steht Ihnen die kleine sympathische Marienkapelle offen.

Bleckede ist mit dem Bus erreichbar, über den Fluss geht's per Fähre. Von der anderen Elbseite (Neu Bleckede) aus sind es zu Fuß oder per Rad auf dem Deich entlang weniger als 5 km nach Stiepelse, mit dem Auto über die Landstraße 6 km. Am Hafen Bleckede gibt es Parkplätze. [Navi: Bleckede Fähre oder Elbstraße Stiepelse]

„Ich wohne so gerne in Stiepelse,
weil hier die Mischung stimmt: die Größe des Ortes,
seine wunderschöne Lage an der Elbe,
die vielen Gemeinschaftsaktionen
mit den anderen Dorfbewohnern und nicht zuletzt
die immer freundlichen Touristen,
die mit ihrem Besuch für eine entspannt
belebte Atmosphäre sorgen."

Theo Baumgärtner, Dorfgemeinschaftsförderungsverein Stiepelse

Stiepelse

Dem Himmel ganz nah

In der Gartenkirche in Oedeme

Früher stand dort ein dunkles kleines Fichtenwäldchen, heute liegt hier ein dem Himmel geöffnetes Kirchenschiff: In Oedeme hat die Lüneburger Gemeinde St. Michaelis neben ihrem Gemeindehaus vor mehr als zehn Jahren einen Garten angelegt, mit Bänken im Kirchenschiff und Geheimgängen für Kinder, einem Riesenschachspiel und einer Boule-Bahn, Rosen und Obstbäumen.

An den Ästen hängen bunt bemalte Plexiglasscheiben rund um das Lied „Geh aus mein Herz und suche Freud“, und wenn hier eine Andacht gefeiert wird, dann kann es vorkommen, dass sich auch die Hühner und die Katzen der Pastorenfamilie dazugesellen. Eichhörnchen sind in aller Regel auch dabei, und die Vögel sorgen stets für ein wunderbares Vorspiel der anderen Art.

Die auf dem Foto zu sehende Glocke stammt übrigens von koptischen Christen aus Ägypten, der Stein unter dem Kreuz aus Norwegen. All das sind Mitbringsel von Menschen, die sie der Gartenkirche schenken.

Der Gemeindegarten in Oedeme steht allen Menschen offen. [Navi: Werner-von-Meding-Straße 2 Lüneburg]

„‚Oben gibt es das Himmelreich, unten den Garten.‘ Mir gefällt dieses Sprichwort ebenso gut wie die umgekehrte Vorstellung. Auf jeden Fall stelle ich mir beides farbenfroh vor.“

Stephan Jacob, Pastor von St. Michaelis

4

K A P I T E L **V I E R**

DENKWÜRDIGES

Trockenen Fußes durchs Moor

Auf Stegen im Pietzmoor Schneverdingen

Ein wenig verrückt ist es schon, was sich da bei Schneverdingen direkt gegenüberliegt: trockene, sandige Heide und nasses, torfiges Moor. Weil das Gelände hier geformt ist wie ein Pferdesattel, hat sich in der Senke durch zahlreiche kleine Quellen über die Jahrtausende ein Hochmoor entwickelt. Komfortabel und ungewöhnlich zugleich ist, dass das Pietzmoor ganz wunderbar und trockenen Fußes zu erlaufen ist, und zwar über eigens angelegte Bohlenstege.

Zahlreiche Infotafeln entlang der Wege lassen Sie tief in das Moor eintauchen – und zwar thematisch. Sie erfahren, dass das Pietzmoor seit 6.000 Jahren Kohlenstoff speichert, dass Torfmoose das Moor millimeterweise aufbauen und quasi unsterblich sind, dass die weißen Wattebäusche Scheidenwollgras heißen und dass Großlibellen ihre Flügel seitlich abspreizen, wenn sie eine Pause machen. Der Seele eine Pause gönnen: Das geht hier wirklich gut.

An der Heberer Straße (L170) kurz vor dem Ortseingang von Schneverdingen liegt rechts der Parkplatz für die Osterheide, links gibt es Parkplätze beim Gasthof „Schäferhof". Der kürzere Rundweg ist 4,8 km lang, der längere 6,6 km. [Navi: Heberer Straße 100 Schneverdingen]

„Die Lichtreflexion in den Wasserflächen
in einer einmaligen Natur mitten in der Lüneburger Heide
auf einem wunderschönen Rundweg
ist ein Erlebnis für alle Sinne bei jeder Jahreszeit."

Thorsten Freymuth und Jörg Blohm, Lüneburg

Auf Geschichte wandeln

Entlang der Alten Landwehr

Sie ist nicht nur ein Kulturdenkmal, sondern auch ein lockender Ort für Spaziergänge oder Touren mit dem breit bereiften Rad: die Alte Landwehr. Unter riesigen alten Eichen und Buchen wandeln Sie dort entlang, wo unsere Vorfahren im 14. Jahrhundert Wälle aufgeschichtet und Gräben gegraben haben - zum Schutz der Stadt. Landwehren waren im Mittelalter Sperr- und Grenzanlagen: etwa drei Meter hohe Wälle mit kleinen Gräben dazwischen, oben mit Dornenbüschen bewachsen und verflochten, nahezu undurchdringlich für Fuhrwerke und Reiter.

Besonders gut erhalten ist die Alte Landwehr zwischen Vögelsen und Reppenstedt, 1397 bis 1406 erbaut. Die „Hasenburg" im Südwesten Lüneburgs ist übrigens der einstige Wachturm der Alten Landwehr. Das Ziel der Stadt beim Bau des aufwendigen Systems war, dass fahrende Kaufleute im wahrsten Sinne des Wortes nicht um Lüneburg herumkamen. Sie mussten ihre Waren erst in der Stadt zum Verkauf anbieten, bevor sie weiterzogen. Die Landwehren schützten die Stadt aber auch vor Räuberbanden und Raubrittern, die Gärten überfielen und Vieh stahlen.

In Reppenstedt führt rechts neben dem Gellersen-Haus ein Fußweg in die Alte Landwehr. Der Weg trifft später auf den Landwehrgraben und führt bis hinter Vögelsen, ca. 3 km. [Navi: Dachtmisser Straße 4a Reppenstedt]

„Für mich verbindet die Landwehr Mystik und Schönheit in einem. Sie ist ein zeitgeschichtliches Denkmal unserer Stadt draußen in der Natur."

Per-Ole Wittenburg, Förster der Stadt Lüneburg

Ein Grund zum Verlieben

Der Liebesgrund Lüneburg

Eigentlich ist es der ehemalige (trockene) Stadtgraben, sein Kosename aber klingt viel sympathischer: der Liebesgrund, seit 1910/11 die grüne Lunge zwischen Bardowicker Straße und Bastionstraße, Hindenburgstraße und Hinter der Bardowicker Mauer mit seinem Plateau in Richtung Frommestraße, der Bastion. Klein genug, um mitten in der Stadt zu liegen, und groß genug für ein Picknick, Fußballspiel oder Speedminton.

Die Wege wie auch die Allee oben am Wall sind frisch saniert, es gibt viele neue Bänke, und auch die ehemalige Stadtmauer soll restauriert werden. Wenn Sie zu Fuß unterwegs sind, ist anschließend ein kleiner Gang durch die Straße Hinter der Bardowicker Mauer schön: Wie Nester kuscheln sich die kleinen Häuschen an die jahrhundertealten Steine. Ein letzter Tipp: An der Ecke Egersdorffstraße und Bastionstraße steht ein Baum wie ein Tipi. Für das Foto sind wir kurz unter sein Dach gekrochen.

Am westlichen Ende des Liebesgrunds liegt unten ein öffentlicher Spielplatz. Die Hängebuche steht an der Egersdorffstraße am Fußweg hinauf zur Bastion. Dort oben gibt es seit einiger Zeit neue Klettergeräte aus Holz. [Navi: Liebesgrund Lüneburg]

„Wir treffen uns hier jeden Morgen mit unseren Hunden. Der Liebesgrund ist ein echter Kraftort, oben ruhig, unten belebt und aktiv, manchmal sogar sportlich. Mitten in der Stadt und dennoch wunderbar ruhig. Unsere Gartenerweiterung!"

Karen Köster mit Leo und Silke Friedrich mit Flynnt, Lüneburg

"Opfergrab" 775 Rekonstruktion der ehemaligen Form.
3405
1634
2545
2545
795
829

Auf alten Gräbern

Am Kronsberg in Rullstorf

Mehr als 1.000 Jahre vor Christus haben die Menschen hier ihre Verstorbenen beerdigt, im ersten Jahrtausend nach Christus ihre Pferde. Auf dem Kronsberg in Scharnebeck entdeckten Archäologen 3.000 Jahre alte Urnen, Rasiermesser aus Bronze, Nadeln und Ohrringe. Wenn man von der Kuppe über das Feld blickt, scheinen diese zeitlichen Dimensionen unvorstellbar. Wie gut, dass hier Tafeln mit vielen Fotos über die Funde und ihre Geschichte informieren.

Nach diesem Ausblick spazierten wir sehr gern durch den nahe gelegenen Wald: Vom Ende des Schulwegs aus, beim Angelteich, führt Sie ein Pfad durch den wunderbaren Laubwald entlang des Sauerbachs.

Auf den Kronsberg gelangen Sie über den Alten Kirchweg, er beginnt am Schulweg in Rullstorf. Am Ende der Straße kurz vor dem Angelteich (Parkmöglichkeit) an dem Findling unter der Birke mit der Aufschrift Alter Kirchweg links, an den Obstbäumen entlang und dem sandigen Pfad bis zur Anhöhe folgen. [Navi: Schulweg Rullstorf]

„Hier, auf der Anhöhe,
komme ich auf neue und gute Gedanken.
Nur etwa 2000 Meter Wegstrecke,
aber eine halbe Stunde voller Muße mit besten Aussichten."

Johannes Link, Pastor in Scharnebeck

Ausblick mit Rückblick

An der Viehler Höhe in Alt Garge

Wer diesen Picknickplatz mit seiner wunderbaren Weitsicht besucht, blickt nicht nur auf das gegenüberliegende Ufer der Elbe; das Ufer, das bis 1990 zu einem anderen Land gehörte. Der innere Blick geht automatisch noch weiter in unsere Geschichte zurück, denn sie begegnet uns am Wegesrand.

Mitten im herrlichsten Laubwald kommen wir an einem riesigen gemauerten Zylinder vorbei. Wie gut, dass uns eine Infotafel darüber aufklärt, was es mit diesem Gebäude auf sich hat. Denn sonst wüssten wir gar nicht, was Menschen hier anderen Menschen angetan haben: Der Zylinder ist der Wasserhochbehälter des einstigen Kraftwerks Ost-Hannover, geplant 1938-39 von den Hamburgischen Electricitäts-Werken (HEW). Der Bau begann 1942, und zwar mit Kriegsgefangenen. In Alt Garge errichtete die SS ein Außenlager des Konzentrationslagers Neuengamme. Ein Gedenkstein im Ort erinnert an die Opfer. Das Kraftwerk ging 1974 vom Netz.

Neben dem Waldbad Alt Garge gibt es einen Parkplatz am Tennisclub, von dort sind es ca. 15 min zum Aussichtspunkt. Der Weg ist ausgeschildert. Parken lässt sich auch am benachbarten Waldbad Alt Garge. [Navi: Tennisclub Alt Garge]

„Hier erlebe ich: Ausblick in die Weite
auf wechselnde Wolken(-Bilder)
im Wandel vom Grenzfluss zum Wunder der Elbe –
geschichtlich - biosphaerisch - menschlich."

Erika Tipke, Breetze

Ein Dorf unter Denkmalschutz

Konau an der Elbe

Hier erinnert uns die Gegenwart an die Vergangenheit. In Konau stehen Teile des einstigen Grenzzauns der DDR, auch der ehemalige Wachturm ist erhalten, um uns daran zu erinnern, dass viele von uns bis 1989 gar nicht an diesen Ort durften.

Gebaut und weltweit einzigartig vollständig erhalten als Marschhufendorf, zieht sich Konau als eine Schnur reetgedeckter Niedersachsenhäuser am Fluss entlang. Wer dem Grenzhistorischen Rundweg folgt, kommt an drei Ausstellungen über die Zwangsaussiedlungen und das Sperrgebiet der DDR vorbei: auf den Höfen Popelau Nr. 29 sowie Konau Nr. 3 und Nr. 11. Für die Pausen gibt es Bänke (eine davon an einem Baumstamm!) und einen Picknicktisch am Ortsausgang Richtung Bleckede; am Dorfende Richtung Darchau liegt die Kapelle, 1957 im Sperrgebiet (!) erbaut. Beinahe vergessen: Sandstrände gibt es hier natürlich auch.

Wer mit dem Auto kommt, kann in Neu Darchau parken, günstig übersetzen und ca. 2 km zu Fuß nach Konau laufen. Hinter dem Fähranleger in Darchau links abbiegen, entweder auf den Elberadweg oder die Elbstraße. Neu Darchau ist mit dem Bus erreichbar. [Navi: Konau Amt Neuhaus]

„Jeden Tag genieße ich den Blick aus dem Fenster,
auf die jahrhundertealten Häuser
und die Elbwiesen vorm Deich.
Dieses lebendige Dorf, mit seiner bewegten Geschichte
und tollen Menschen, ist ein Ort zum Glücklichsein."

Ines Wulf, Förderverein Konau e.V.

Unter rauschenden Wipfeln

Auf der Kirchenwiese Thomasburg

Eine Decke, etwas zu trinken und zu essen, vielleicht ein Buch – mehr braucht es nicht, um an diesem wunderbaren Ort ein kleines Picknick zu machen. Ein paar Schritte den Kopfsteinpflasterweg am Kirchberg hinauf, da erwartet uns dieses Fleckchen Wiese unter rauschenden Wipfeln. Hier oben sitzen wir auf den Resten des Burgwalls aus dem Mittelalter, und wenn wir uns die Steine in der Fassade der Kirche ansehen, bekommen wir eine Ahnung davon, wie alt sie sein mögen.

Wenn Ihnen danach ist, öffnen Sie die kräftige Tür von Peter und Paul. Das, was Sie dahinter erleben werden, könnte Ihnen genauso gut gefallen wie uns: eine Kirche ganz in Blau. Rechts neben der Kirche führt ein Trampelpfad hinunter zur Straße, und auf der anderen Seite wartet der alte Friedhof auf Ruhesuchende. Tafeln informieren über den Friedhof und die Symbole auf den Grabsteinen; die Grabsteine tragen Inschriften, Verse und Gebete.

Thomasburg mit seinen alten Häusern und der Neetze ist so hübsch, dass es Ihnen gefallen könnte, zu Fuß zur Kirche zu gehen. Der Kirchring ist tatsächlich ein Ring, zur Kirche geht es zu Fuß ein paar Meter den Kirchberg hinauf. Thomasburg ist mit dem Bus erreichbar. [Navi: Kirchberg Thomasburg, unten parken]

„An heißen Sommertagen
ist der Friedhof ein schattiger und ruhiger Ort
zum Anhalten und Innehalten."

Bernhard Borowski, Pastor in Thomasburg

Im Mittelalter stand hier eine Burg, heute wachen Peter und Paul auf dem Burgberg.

Betten aus Stein

Die Hünengräber im Schieringer Forst

Stellen Sie sich das einmal vor: Steine, die seit 5.000 Jahren an demselben Ort liegen. Ist das nicht irre? Sie finden sie bei einem Spaziergang durch einen herrlichen Mischwald voller Buchen, Kiefern, Farn und mit einer Überraschung: einem vier Meter hohen Hügel, dem sogenannten Opferberg mitten im Wald.

Als aus Jägern und Sammlern Bauern und Viehzüchter wurden, legten die Menschen riesige Grabanlagen für ihre Verstorbenen an. Die Grabkammern bauten sie aus zwei Steinen, über die sie einen weiteren Stein als Decke legten. Mehrere solcher Joche wurden zu einem Bett für immer.

Zwischen Barskamp und Walmsburg liegt ein Wanderparkplatz. Von dort sind es 650 m zu der ersten Grabanlage und weitere 800 m zu einer zweiten und dem Opferberg. Es gibt auch einen Rundweg (12,5 km), der am Parkplatz beschrieben ist. Bushaltestelle: Bleckede-Schieringen. [Navi: Walmsburger Straße Bleckede]

„Mit seinen charaktervollen Baumgestalten, kühlen und stillen Winkeln und den eindrucksvollen Hünengräbern ist der Schieringer Forst für mich ein starker und schöner Kontrast zur Lieblichkeit und Offenheit der benachbarten Elbtalaue.“

Florian Bibelriether, Neu Darchau

Heide pur - nicht nur in Lila

Zwischen Undeloh und Döhle

Ja, es gibt sie tatsächlich, die wenig begangenen Wege in der Lüneburger Heide. Wenn Sie weniger Menschen begegnen möchten als auf den Pfaden nach Wilsede und seinen Berg, haben wir einen Tipp für Sie: das Radenbachtal. Sanft geschwungen, zählt es zu den ursprünglichsten Heidetälern überhaupt.

Wacholderbüsche, Solitärbäume, Dülmener Wildpferde und Wilseder Rote (das sind Rinder) begegnen uns hier, und wir beginnen zu ahnen, warum die Lüneburger Heide schon vor mehr als 100 Jahren bei Ausflüglern beliebt war: vor allem bei den Hamburgern, seit man von der Großstadt mit der Eisenbahn in die Heide fahren konnte.

Beim Dorfteich in Undeloh an der Wilseder Straße den Pfad nehmen, der direkt hinter dem Restaurant hoch führt und den Schildern Richtung Radenbachtal/Sudermühlen/Egestorf folgen. Je nachdem, wie weit Sie laufen möchten, können Sie an mehreren Stellen den Radenbach queren und auf einem anderen Weg ins Dorf zurückkommen oder bis nach Döhle laufen (Rundweg: ca. 15 km). Wenn Sie mit der Gegend wenig vertraut sind, empfehlen wir eine Wanderkarte. [Navi: Wilseder Straße Undeloh]

„Wenn man aus Undeloh losgeht,
öffnet sich kurz nach dem Waldstück ein Rundum-Blick
auf die Heide so schön,
dass mir vor Rührung manchmal die Tränen kommen."

Marion Junker, Lüneburg

Ausflug ins Mittelalter

Am Nikolaihof in Bardowick

Nicht nur der Weg hierher ist wunderbar, sondern auch der Ort selbst: Entlang der Ilmenau geht es von Lüneburg aus zwischen Fluss und Feldern nach Bardowick. Nach ein paar Kilometern sehen wir schon die Spitze des Kirchturms und wissen, es ist nicht mehr weit. Links in den Wald hinein führt der Pfad zu diesem Komplex, der im Laufe der Jahrhunderte zwar häufig seine Funktion veränderte, sein Aussehen aber kaum. Der Nikolaihof ist das am besten erhaltene mittelalterliche Leprahospital im deutschsprachigen Raum, damals hieß es Nikolaihospital.

Auf der Bank vor der Kapelle zu sitzen, das allein ist schon wunderbar. Aber wir haben noch einen Tipp: Trauen Sie sich ruhig und treten Sie ein in das Haus mit der Nummer 19e. In dem ehemaligen Frauenhaus stehen einige Kammertüren offen, es gibt dort Informationstafeln über die Geschichte des Ensembles. Und die ist wirklich beeindruckend: Denn die ältesten Mauern hier stammen aus dem Jahr 1316.

Der sogenannte Treidelweg/-pfad nach Bardowick beginnt in Lüneburg beim Behördenzentrum Auf der Hude 2 zwischen Gebäude und Parkplatz an der Ilmenau. Bis zum Nikolaihof sind es ca. 6 km. Es gibt Parkplätze direkt an der Straße St. Nikolaihof. Die Bushaltestelle heißt Nikolaihof. [Navi: Sankt Nikolaihof Bardowick]

„Der Lieblingsort seit meiner Kindheit, historisch, idyllisch und magisch - hier wird Geschichte lebendig!"

Lothar Meyer, 1. Rathmann in Bardowick

Gedenken in Dankbarkeit

Auf dem Timeloberg in Wendisch Evern

Dieser Ort ist vielleicht der am meisten unterschätzte Ort in unserer Umgebung. Zugegeben, der Weg dorthin ist uninteressant. Aber wenn Sie das kurze Stück vom Parkplatz hinauf zum Timeloberg gegangen sind, dann werden Sie sicher verstehen, warum wir Ihnen diesen Platz dennoch für einen Besuch und für ein wenig des Nachdenkens ans Herz legen möchten.

Unter hohen Eichen liegt hier ein Findling, der uns an etwas erinnert, für das wir dankbar sein können. Denn nur wenige Hundert Meter von hier entfernt hat eine Delegation der Wehrmacht die Teilkapitulation der norddeutschen Truppen unterschrieben – vier Tage vor der Kapitulation in Berlin. Am 4. Mai 1945. Informationstafeln erzählen uns davon, und wenn Sie Ihren Blick in Richtung Norden schweifen lassen, dann ahnen Sie vielleicht, warum der britische General sich diese Anhöhe ausgesucht hat für diesen so wichtigen Schritt in der Geschichte.

Von dem ausgeschilderten Parkplatz an der Kreisstraße zwischen Wendisch Evern und Deutsch Evern sind es keine 5 min zu Fuß hinauf zu dem Gedenkstein. [Navi: Parkplatz Ausgangspunkt Wendisch Evern]

„We have won the war.
Let us now win the peace."

Feldmarschall Bernard L. Montgomery, 1949

KAPITULATION
AUF DEM TIMELOBERG
1945 4. MAI 1995
NIE WIEDER KRIEG

Joseph Elkan
Mendel David Wolff

Ohne Worte sein

Auf dem Jüdischen Friedhof in Bleckede

Es ist ein Ort, an dem jedes zuvor geführte Gespräch augenblicklich verstummt: Die uralten Steine und Inschriften auf dem Jüdischen Friedhof in Bleckede lassen einen schweigsam werden.

Angelegt 1752, ist der jüngste Grabstein von 1935 und der älteste von 1789. Im Judentum gilt die ungestörte Ruhe der Toten, einen Ablauf der Ruhefrist wie bei Christen gibt es nicht. Der erste jüdische Bewohner kam 1730 nach Bleckede, es war der Kramwarenhändler Emanuel Hertz. Die letzten Juden wurden 1942/43 nach Theresienstadt deportiert und dort sowie in Auschwitz ermordet. 1938, kurz nach der Reichspogromnacht, haben Menschen hier Gräber und Grabsteine zerstört. Jene Steine wurden 1952 wieder aufgestellt, auffällig im Halbrund. Weitere Schändungen gab es in den 1980er-Jahren sowie 2016. Die Grabsteine sind heute restauriert und gereinigt.

Von der Lüneburger Straße (L221) kurz vor dem Ortseingang von Bleckede weist ein Schild zum Jüdischen Friedhof. Dem durch blaue Quadrate markierten Waldweg so weit folgen, bis ein weiteres Schild aus Holz auftaucht. [Navi: Jüdischer Friedhof Bleckede]

„Dieser bestehende (ewige) Friedhof ist gleichzeitig ein bedeutendes Denkmal, das über 200 Jahre jüdischen Lebens dokumentiert. Still und schön, mitten im Wald, ist er für uns auch ein Ort bewegender Begegnungen mit Nachkommen jüdischer Bürger."

Henning Bendler und Bodo Christiansen, judeninbleckede.de

Boizenburg
Artlenburg
404
Barum
Hohnstorf
Garlstorf
Hittbergen
Brahlstorf
Besitz
St. Dionys
Echem
Brietlingen
Radgegast
Hamburg
Preten
Lüdersburg
209
195
Neu Bleckede
Bardowick
Stiepelse
4
Scharnebeck
Bleckede
Adendorf
Rullstorf
Neuhaus
Jüdischer
Friedhof
Vierhöfen
Landwehr
Alt Garge
Viehler Höhe
Konau
HANSESTADT
LÜNEBURG
Gut Schnede
Reppenstedt
Reinstorf
Thomasburg
Walmsburg
Barskamp
Barendorf
Schieringer Forst
Kirchgellersen
Wendisch Evern
Heiligenthal
Drethem
216
Südergellersen
Timeloberg
Dahlenburg
Sammatz
Kniepenberg
Deutsch Evern
Nahrendorf
Undeloh
Melbeck
Embsen
Göhrde
Marxen am Berge
Bienenbüttel
Hitzacker
Schwindebeck
Wohlenbüttel
4
Pietzmoor
Betzendorf
Barnstedt
Amelinghausen
Breeser Grund
Reetzhof
Bad Bevensen
Tütsberg
209